I0824598

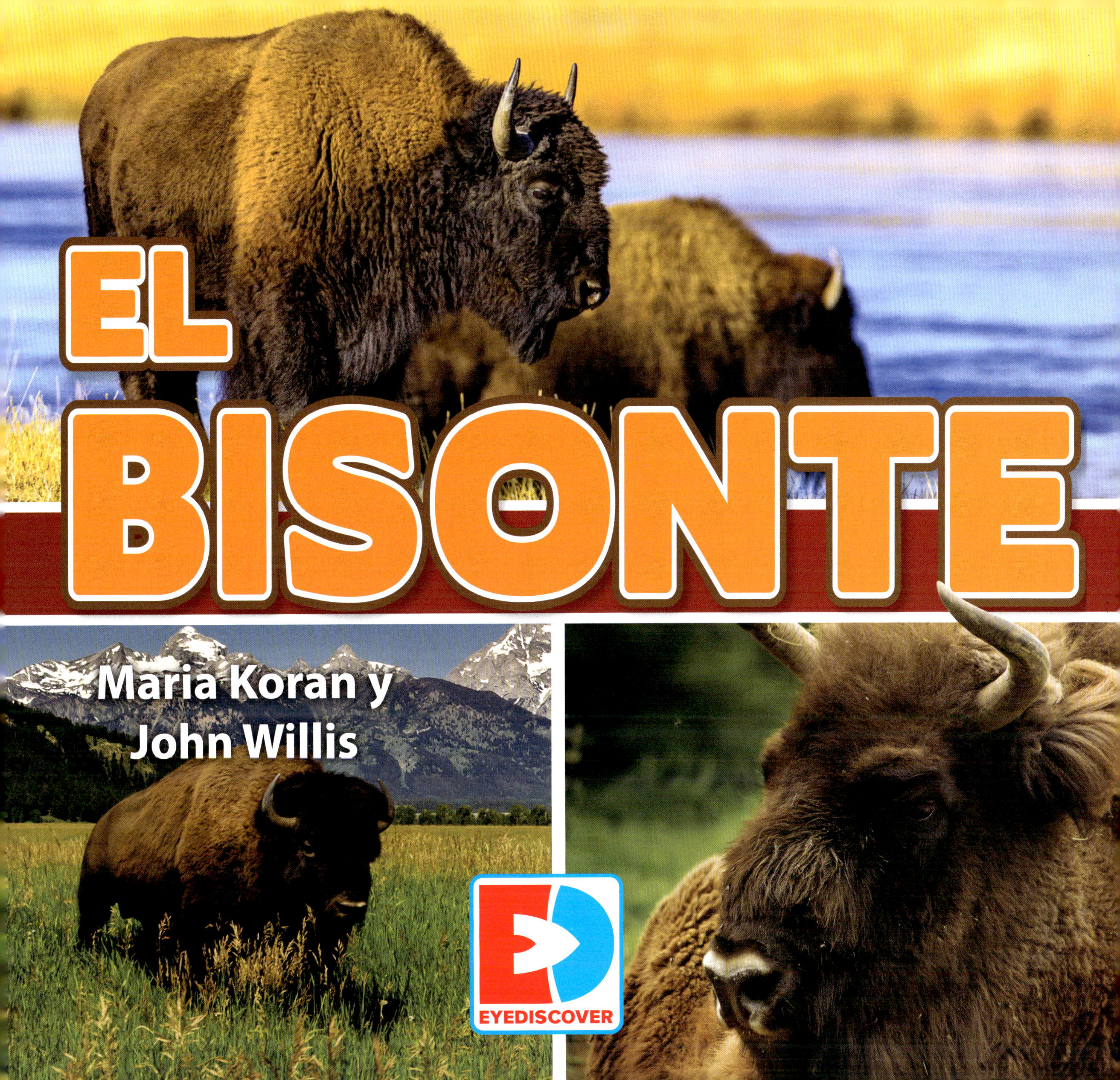

EL BISONTE

Maria Koran y
John Willis

EYEDISCOVER

Ve a **www.openlightbox.com**
e ingresa el código único
de este libro.

CÓDIGO DEL LIBRO

AVZ78528

EYEDISCOVER te trae libros mejorados por multimedia que apoyan el aprendizaje activo.

Published by Lightbox Learning Inc.
276 5th Avenue, Suite 704 #917
New York, NY 10001
Website: www.openlightbox.com

Library of Congress Control Number: 2021950528

ISBN 978-1-7911-4403-6 (hardcover)

Printed in Guangzhou, China
1 2 3 4 5 6 7 8 9 0 25 24 23 22 21

122021
102521

English Editor: John Willis
Spanish Editor: Ana María Vidal
Designers: Mandy Christiansen
Spanish/English Translator: Translation Services USA

Lightbox Learning Inc. acknowledges Getty Images and Alamy as the primary image suppliers for this title.

EYEDISCOVER proporciona contenido enriquecido, optimizado para el uso en tabletas, que complementa este libro. Los libros de EYEDISCOVER se esfuerzan por crear un aprendizaje inspirado e involucrar a las mentes jóvenes en una experiencia de aprendizaje total.

Mira
El contenido de video da vida a cada página.

Navega
Las miniaturas simplifican la navegación.

Lee
Sigue el texto en la pantalla.

Escucha
Escucha cada página leída en voz alta.

Tu EYEDISCOVER con Seguimiento de Lectura Óptico cobra vida con...

Audio
Escucha todo el libro leído en voz alta.

Video
Los videos de alta resolución convierten cada hoja en un seguimiento de lectura óptico.

OPTIMIZADO PARA
- ☑ TABLETAS
- ☑ PIZARRAS ELECTRÓNICAS
- ☑ COMPUTADORES
- ☑ ¡Y MUCHO MÁS!

Este título es parte de nuestra suscripción digital de EyeDiscover

1-año de suscripción
ISBN 978-1-4896-8346-5

Accede a todos los títulos de EyeDiscover con nuestra suscripción digital.
Regístrate para una prueba GRATUITA en **www.openlightbox.com/tria**

En este libro aprenderás

- dónde está
- cómo es
- cómo vive

¡y mucho más!

Los bisontes son los animales terrestres más grandes de América del Norte.

A veces se los llama búfalos porque se parecen a otro animal con ese nombre.

Los bisontes parecen lentos, pero pueden moverse muy rápido. Un bisonte puede correr tan rápido como un caballo.

Los bisontes están en las llanuras y los bosques. Viven en grupos llamados manadas.

Todos los bisontes tienen dos cuernos que usan para defenderse y competir entre sí.

Los bisontes tienen un pelaje largo en invierno. Eso los ayuda a protegerse del frío.

La mamá bisonte tiene una sola cría por vez. El bebé bisonte se llama ternero.

Los bisontes comen solo plantas. Se alimentan mayormente de pasto y hierbas.

Los bisontes estuvieron a punto de desaparecer cuando la gente los cazaba. Hoy, la mayoría de los bisontes viven en áreas protegidas.

Hay cerca de **30 000 bisontes salvajes** viviendo en áreas protegidas de **América del Norte**.

Alguna vez hubo más de **50 millones de bisontes** en América del Norte. Para **1889**, **había solo 1000**.

UN BISONTE puede llegar a pesar 2000 LIBRAS (907 kg).

Un bisonte puede saltar casi 6 pies (1,8 m) de altura.

En América del Norte, hay unos 400 000 bisontes que viven en granjas.

Un bisonte recién nacido puede llegar a pesar 70 libras (32 kg).

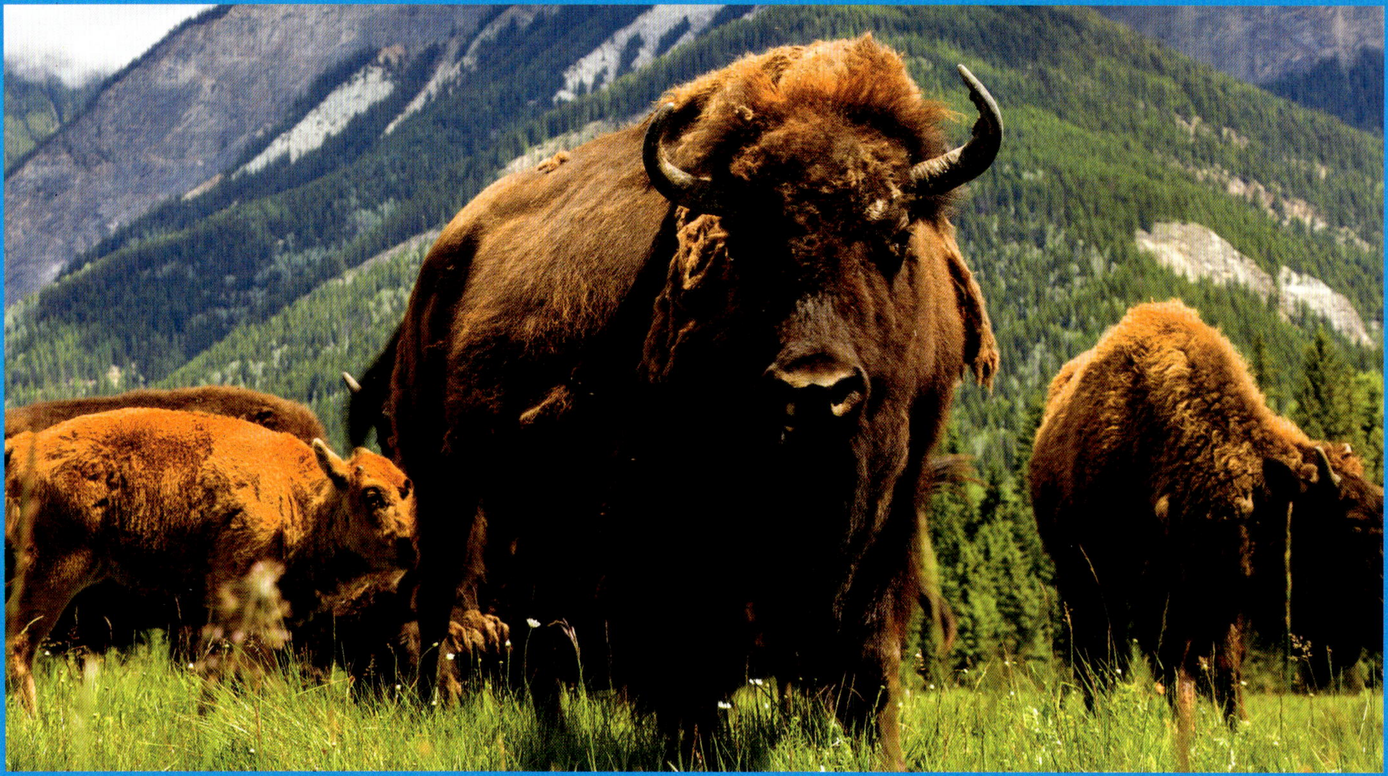

Mira
El contenido de video da vida a cada página.

Navega
Las miniaturas simplifican la navegación.

Lee
Sigue el texto en la pantalla.

Escucha
Escucha cada página leída en voz alta.

Ve a www.openlightbox.com e ingresa el código único de este libro.

CÓDIGO DEL LIBRO

AVZ78528